Derretirse y congelarse

Lisa Greathouse

Asesor

Scot Oschman, Ph.D.
Distrito escolar unificado
  península de Palos Verdes
Rancho Palos Verdes, California

Créditos

Dona Herweck Rice, *Gerente de redacción*; Lee Aucoin, *Directora creativa*; Don Tran, *Gerente de diseño y producción;* Timothy J. Bradley, *Gerente de ilustraciones*; Conni Medina, M.A.Ed., *Directora editorial*; Katie Das, *Editora asociada*; Neri Garcia, *Diseñador principal*; Stephanie Reid, *Editora fotográfica*; Rachelle Cracchiolo, M.S.Ed., *Editora comercial*

Créditos fotográficos

Teacher Created Materials

5301 Oceanus Drive
Huntington Beach, CA 92649-1030
http://www.tcmpub.com

ISBN 978-1-4333-2592-2
©2011 Teacher Created Materials, Inc.
Printed in China
YiCai.032019.CA201901471

Tabla de contenido

¡Está calentándose!

Es divertido comer una paleta de agua en un día caluroso. ¿Pero qué ocurre después de unos minutos al sol? ¡La paleta empieza a gotear!

¿Por qué la paleta de agua se transforma en **líquido**? Muchas cosas comienzan a **derretirse** si se calientan lo suficiente. ¡Como esta barra de chocolate!

¿Qué es la materia?

La materia es todo lo que te rodea. Puede ser un sólido, como una roca. Puede ser un líquido, como el agua. Puede ser un gas, como el aire.

sólido

gas

líquido

Piensa en un charco. Es líquido, ¿verdad?
Pero **se congela** y se hace sólido si se
enfría lo suficiente. Si se calienta, vuelve a
ser líquido.

Las charcas y los lagos pueden congelarse durante el invierno.

Por qué se derriten las cosas

La materia está compuesta de pequeñas **partículas**. Estas partículas están muy juntas en un sólido. Se mueven rápido cuando se calientan. Comienzan a separarse. En ese momento los sólidos comienzan a derretirse.

En los sólidos, las partículas están muy juntas.

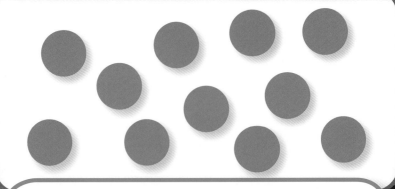

El calor hace que las partículas se separen.

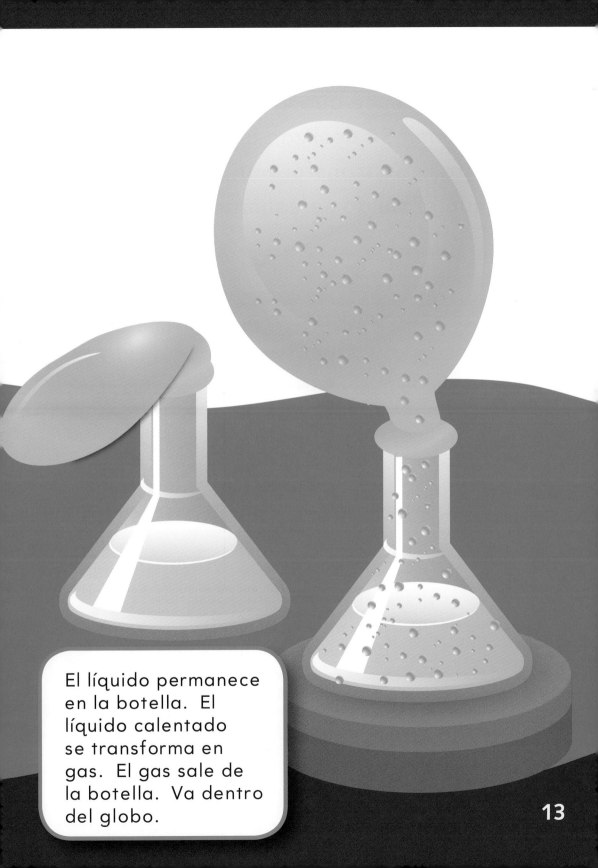

El líquido permanece en la botella. El líquido calentado se transforma en gas. El gas sale de la botella. Va dentro del globo.

13

El calor hace que las partículas se expandan. Se deslizan unas alrededor de las otras. Se transforman en un líquido cuando el sólido se calienta lo suficiente.

¡Los muñecos de nieve tienen problemas cuando sale el sol!

Dato curioso

Llévate un cubo de hielo a la boca.
Puedes sentir cómo se transforma
en agua. ¡El calor de tu cuerpo
hace que se derrita!

¿Pero cómo se derrite una paleta de agua? Los sólidos se derriten a distintas **temperaturas**. Una paleta comienza a derretirse rápido. ¡Pero una roca puede tardar años!

Puedes ver que esta roca alguna vez se derritió.

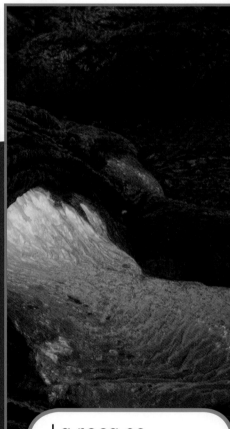

La roca se transforma en líquido cuando se calienta mucho.

Punto de fusión

Los sólidos se derriten a distintas temperaturas. Esto se llama su punto de fusión.

Sólidos	Puntos de fusión
	El hielo se derrite a 0°C (32°F).
	El chocolate se derrite a 36°C (97°F).
	El oro se derrite a 1,063°C (1,946°F).
	Un diamante se derrite a 3,550°C (6,422°F).

Por qué se congelan las cosas

¿Recuerdas la paleta de agua? ¡Antes era un líquido! Se vertió sobre un molde. Después se puso en un congelador. Así es cómo se transformó en un sólido.

Dato curioso

El chocolate se derrite, se vierte sobre moldes y se enfría. ¡Así se hacen los conejitos de chocolate!

Los líquidos pueden transformarse
en sólidos si se enfrían muchísimo. Las
partículas dejan de moverse. Las partículas
se acercan. Eso se llama congelarse.
Los líquidos se congelan a distintas
temperaturas.

Dato curioso

Las personas ponen sal sobre los
caminos con hielo. ¡La sal hace que
el hielo se derrita más rápido! Así,
los caminos son más seguros.

Esta fuente de agua demuestra cómo el agua puede transformarse en hielo.

¿Alguna vez viste carámbanos que cuelgan de un techo? Son sólo gotas de agua. ¡Se enfrían tanto que se congelan antes de llegar al suelo!

El agua: líquido, sólido y gas

Sabes que el agua puede ser un líquido. Cuando se congela es un sólido. Si se calienta mucho, ¡se transforma en un gas!

líquido

sólido

gas

Ahora sabes por qué tu paleta de agua se derrite al sol. Pero también sabes que puedes hacer que vuelva a ser un sólido. ¡Sólo ponla en el congelador!

Laboratorio de ciencias: Paletas de jugo congelado

¡Convierte un sólido en líquido y luego vuelve a transformarlo en un sólido bueno para comer!

Materiales

- lata de jugo concentrado congelado de naranja
- jarra para poner el jugo
- agua
- cuchara grande para mezclar
- vasos de papel pequeños
- palitos de madera para helado
- congelador

Procedimiento:

1 Abre la lata del jugo concentrado congelado de naranja y ponlo en la jarra con la ayuda de la cuchara.

2 Agrega agua según las instrucciones del envase y mezcla para preparar el jugo.

3 Llena los vasos de papel hasta dos tercios con jugo.

4 Pon los vasos en el congelador durante una hora.

5 Saca los vasos del congelador y mete los palitos de madera para helado.

6 Vuelve a poner los vasos en el congelador durante cinco horas más o durante toda la noche.

7 Saca las paletas del congelador, despega los vasos de papel ¡y disfrútalas!

Glosario

congelarse—transformarse un líquido en sólido a causa del frío

derretirse—transformarse un sólido en líquido a causa del calor

gas—materia que se expande y flota en el aire

líquido—materia que fluye y puede cambiar de forma

materia—cualquier cosa que ocupa espacio

partículas—pequeñas partes de algo

sólido—objeto con una forma definida

temperaturas—qué tan caliente o frío está algo

Índice

Una científica actual

JoBea Holt es una científica que colocó cámaras en el sistema del transbordador espacial de la NASA. Los estudiantes podían controlar las cámaras desde sus aulas. ¡JoBea cree que los estudiantes pueden diseñar grandes experimentos! Ahora les enseña a los estudiantes sobre nuestro clima y cómo está cambiando.